Numéro 3.

A la Gloire de l'Armée française

EN PLEIN FEU

LA BATAILLE DE LORRAINE

1 fr. net

De Nancy à Rambervillers

Septembre 1914

DOCUMENTS RÉUNIS POUR L'HISTOIRE

M. VERMOT, Éditeur, 6 et 8, Rue Duguay-Trouin, PARIS

Après Morhange et Fenétrange, les deux armées françaises de Lorraine *(Gal de Castelnau) et* des Vosges *(Gal Dubail), reculèrent — suivies pas à pas par les Allemands — jusqu'à la Moselle, en avant de Nancy, derrière la Meurthe et derrière la Mortagne, à l'ouest de Lunéville et de Gerbeviller.*

Elles firent alors face à l'ennemi d'une façon splendide et lui portèrent des coups terribles qui le forcèrent à battre en retraite ou le clouèrent sur place, lui causant des pertes effroyables. C'est ainsi qu'au combat de la forêt de Vitrimont l'on compta plus de sept mille cadavres sur un espace de 7 kilomètres.

Pendant que l'armée de Castelnau sauvait Nancy — très sérieusement menacé — en des journées qui resteront parmi les plus belles et les plus glorieuses de notre histoire, la gauche de l'armée Dubail dressait devant les masses ennemies, au col de la Chipotte, une barrière infranchissable, permettant ainsi les superbes victoires de l'armée de Lorraine.

Notre prochain Album contiendra d'ailleurs les photographies des brillants combats de l'armée du général Dubail.

LE GÉNÉRAL DE CASTELNAU

Le Vainqueur de Lorraine.

HARAUCOURT

(MEURTHE-ET-MOSELLE)

Le 22 août, une patrouille de uhlans, qui avait pénétré dans le village et pillait un magasin, fut mise en fuite par un coup de canon français. Ces maraudeurs furent les seuls Allemands que vit Haraucourt ; mais les artilleurs ennemis ouvrirent le feu avec rage et détruisirent une partie du village, qu'avaient abandonné le maire et de nombreux habitants. On doit déplorer surtout la perte du superbe château des Écuyers de Lorraine, un des plus anciens et des plus beaux monuments de la région. Notre photographie montre le château sous le bombardement.

FERME SAINT-EPVRE

Cette ferme, située sur une hauteur d'où l'on domine Lunéville, et qui constituait un point important, fut chaudement disputée. Le sol qui l'entoure, son verger, son potager, sont criblés de trous d'obus. On voit, sur notre photographie, nos vaillants fantassins avançant par bonds successifs vers la hauteur, sous les balles et la mitraille, pendant que notre artillerie arrose copieusement la ferme et ses dépendances, qu'occupent encore les Allemands.

VITRIMONT
(MEURTHE-ET-MOSELLE)

Le petit village de Vitrimont, dont il ne reste que des ruines, fut le centre — on pourrait dire le pivot — d'une bataille acharnée, d'une formidable tuerie. Le sang coula partout, dans les rues, dans les maisons, dans le cimetière, dans les jardins et les champs. Une brigade de la *division de fer*, son bataillon de chasseurs et un régiment colonial, ont vécu là, sous les balles et la mitraille, des heures d'héroïsme et de gloire qui ajouteront une page merveilleuse à notre histoire. On remarquera que l'horloge de l'église a été arrêtée par une balle (dont on voit la trace entre les aiguilles) à trois heures et demie.

BLAINVILLE-SUR-L'EAU
(MEURTHE-ET-MOSELLE)

Autour de Blainville la bataille fit rage et le joli bourg ne resta pas indemne, comme l'on peut s'en convaincre en examinant, sur notre photographie la première maison de droite, dont un obus mit à jour le grenier. Des fantassins, qui ont poussé jusqu'au bourg en se battant, vont y pénétrer et prennent les précautions d'usage pour le cas où l'ennemi l'occuperait. Un homme de la pointe d'avant-garde, qui a fait une reconnaissance audacieuse, indique d'un geste à ses camarades qu'ils peuvent avancer

GERBEVILLER

(MEURTHE-ET-MOSELLE)

De Gerbeviller, il ne reste que des ruines désolées, et un nom. Ce nom rappellera au monde entier un souvenir d'honneur et sera pour l'Allemagne — *éternellement* — une tache de boue et de sang. Là, furent commis, avec des *raffinements* monstrueux, les crimes les plus effroyables, les plus odieux : pillage, incendie, viol, meurtre, etc. Un jeune homme, blessé d'une balle dans la rue, fut enduit de pétrole et brûlé vif sous les yeux de sa mère qui était accourue pour le relever et le soigner. Nos soldats résistèrent vigoureusement à

l'envahisseur le 2 septembre : des chasseurs d'un bataillon de la région, reculant pas à pas, ouvrirent des brèches dans ses rangs ; et, sur une hauteur qui domine la petite ville, un monument rappelle la mémoire de huit cents braves d'un régiment colonial qui moururent là. Ce chiffre dit éloquemment l'héroïsme des nôtres, de même que les ruines disent la barbarie des autres. Des crimes comme ceux que commirent, à Gerbeviller, des Bavarois ivres, se paient de la honte d'un peuple et engendrent des haines éternelles.

VALLOIS
(MEURTHE-ET-MOSELLE)

Sur les hauteurs qui dominent le village de Vallois, coquettement niché dans la verdure et dont plusieurs maisons flambent sous les obus, nos tirailleurs, à genoux dans les vignes, dissimulés derrière des buissons, ajoutent leurs balles aux projectiles de nos 75 pour refouler l'envahisseur. Leurs courageux efforts seront couronnés de succès : la horde ne passera pas et, bientôt, elle reculera.

CIMETIÈRE DE REHAINVILLER

Le village de Rehainviller met sa tache grise daus la verdure à l'intersection de la route qui vient de Mont et de la grand'route qui atteint Lunéville au faubourg de Viller. Dans son cimetière, des braves, peu nombreux, tiennent en échec les masses allemandes, tirant par-dessus les murailles, qu'ils ont crénelées. Bientôt, le cimetière est complètement entouré : nos héroïques soldats se trouvent cernés. Pas un instant ils ne pensent à déposer les armes. « *On mourra ou l'on passera !* » crie leur chef. Alors, ils s'élancent à la baïonnette, creusant un sillon sanglant dans la masse hurlante des ennemis. Quelques-uns sont morts, les autres ont passé. Notre photographie montre la lutte dans le cimetière.

FERME DE LÉOMONT

La ferme de Léomont fait face, sur le sommet d'une hauteur dominant Lunéville, à la ferme Saint-Epvre. Alors que cette dernière était bombardée par les Français, Léomont était couvert d'obus de tous calibres par les batteries allemandes installées sur le champ de manœuvres de Lunéville. Deux régiments de la *division de fer* montent vers la ferme, qui n'est plus qu'une ruine fumante, sous un déluge de mitraille, sous une nappe de balles. Nos héros marchent sans hésitation vers cette fournaise, vers cet enfer ; autour d'eux,

sous leurs pieds, le sol tremble, craque, s'entr'ouvre. Nul ne reste en arrière, sauf les blessés et les morts. Çà et là, des blessés dressent leurs membres mutilés et sanglants en hurlant : « En avant! » ; il en est qui chantent la *Marseillaise*. Les chefs qui dirigent cette troupe de héros ne tournent même pas la tête : ils sont sûrs de leurs hommes et ils en sont fiers. La France aussi ! Sur le sommet de Léomont, la *division de fer* a buriné une page glorieuse de notre histoire militaire.

MONT
(MEURTHE-ET-MOSELLE)

Le petit village de Mont, situé au débouché de la forêt de Vitrimont, fut bombardé tour à tour par les Allemands et par les Français. Des charges furieuses à la baïonnette eurent lieu autour des maisons grises, vers son église si coquette, dont le clocher, comme le montre notre photographie, porte de glorieuses blessures. Pendant le combat un taube survole le village : il n'aura pas de bulletin de victoire à porter à son état-major.

BOIS DE CRÉVIC

Au-dessus du village de Crévic (Meurthe-et-Moselle), le bois du même nom habille un large mamelon qu'un ravin verdoyant sépare sur la droite d'un autre mamelon non boisé où serpente la route de Courbessaux et Drouville à Maixe. Les superbes soldats du 20e corps montent à l'assaut du bois de Crévic, que fauche la mitraille, et d'où, après une lutte féroce, ils délogeront les Allemands. Ceux-ci s'établiront sur le mamelon non boisé de droite, et pendant plusieurs jours et plusieurs nuits, du 5 au 9 septembre, des combats acharnés tapisseront de cadavres, bois, mamelons et ravins.

ANTHELUPT

(MEURTHE-ET-MOSELLE)

Ce superbe panorama nous montre un coin du joli paysage lorrain qui, pendant les journées de septembre, devint un enfer, une terre de souffrance et d'héroïsme. Le village d'Anthelupt — un point dans la bataille — échappa à peu près, par un véritable miracle, à la destruction. Des hauteurs de Flainval, situées sur la gauche, les canons allemands l'encadraient de leurs obus ; un moment il eut à craindre un combat d'infanterie dans ses rues ; déjà son cimetière avait été mis en état de défense, et l'on voit, sur notre photographie,

des fantassins français qui marchent vers le petit village lorrain. La bataille, pourtant, ne l'atteindra pas. Nombre des nôtres furent tués par les obus sur ses mamelons, dans ses bosquets, et devant la route blanche que l'on aperçoit, sur la droite, pénétrant dans le village. La plupart dorment leur dernier sommeil dans un champ, à droite du cimetière qui n'aurait pu les recevoir tous. La foule, bientôt, viendra prier sur la tombe de ces héros, leur apportant l'hommage de la France reconnaissante.

CRÉVIC

(MEURTHE-ET-MOSELLE)

Les Allemands entrèrent à Crévic le 22 août, refoulant les troupes du 13e corps, en retraite depuis Morhange ; ils en furent chassés le 26 août par des troupes du 20e corps, qui nettoyèrent le village à la baïonnette. L'ennemi qui, dès son arrivée, avait brûlé le château du général Lyautey, se vengea de son échec en bombardant pendant dix-huit jours le malheureux village. L'adjoint au maire, M. Royer — qui faillit plusieurs fois être fusillé — n'abandonna pas un instant son poste et rendit les plus grands services, et pendant l'occupation et sous les obus. Il en fut récompensé par une citation à l'ordre du jour de l'armée. Notre photographie montre une charge à la baïonnette à l'entrée du village.

MAGNIÈRES
(MEURTHE-ET-MOSELLE)

Les Allemands entrèrent à Magnières le 24 août et le quittèrent le 12 septembre. Le 26 août, après une attaque d'infanterie, les Français commencèrent un bombardement qui se prolongea jusqu'au départ de l'ennemi. Pendant l'occupation, les Allemands avaient logé leurs blessés dans l'église, ce qui ne les empêcha pas de placer des mitrailleuses dans le clocher; ces mitrailleuses attirèrent la foudre de nos canons. Détail curieux : l'église de Magnières était en construction lorsque éclata la guerre, en 1870.

EN PLEIN FEU

SAINT-PIERREMONT
(VOSGES)

Ce coquet village des Vosges, qui semblait fait pour une paix éternelle, est occupé par les Allemands et flambe sous les obus que lancent nos canons pour les en déloger. On entend l'éclatement sec des projectiles, le bruit sourd des murailles qui croulent, des toitures qui s'effondrent, et les cris de douleur et de rage des ennemis. Nos fantassins avancent bravement vers la fournaise, les uns en tirailleurs, les autres à découvert sur la route. Ces derniers s'engagent sans hésiter sur le petit pont de pierre dont un obus — car les artilleurs

allemands tirent aussi — vient de crever le parapet. Ce pont est balayé par les balles des mitrailleuses et par celles des tirailleurs ennemis dissimulés, à la lisière du village, derrière les murs, les haies, les arbres. L'officier montre du sabre le but à atteindre et crie : « En avant, à la baïonnette! » Autour du petit village et des villages voisins, la lutte sera chaude et meurtrière. Les Allemands ne passeront pas : ils recuIeront, ils abandonneront, la rage au cœur, les pauvres villages ruinés, où ils auront semé la haine de leur nom et de leur race.

ROZELIEURES
(MEURTHE-ET-MOSELLE)

Le nom de Rozelieures restera justement célèbre parmi ceux des lieux qui servirent de cadre aux batailles des glorieuses journées de septembre. C'est dans ses champs qu'après une lutte formidable, sans égale dans l'histoire en dehors de la guerre actuelle, l'avance allemande fut arrêtée ; c'est dans ses champs que la pieuvre monstrueuse commença son mouvement de recul devant les baïonnettes françaises. Le village que montre notre photographie a vu tous les sacrifices et tous les héroïsmes ; son sol, désormais sacré, a malheureusement été arrosé du sang généreux de beaucoup de nos soldats. Il suffira désormais de dire : « *J'étais à Rozelieures* » pour qu'on pense : « *C'est un héros* ».

MÉNIL-SUR-BELVITTE
(VOSGES)

Pendant plusieurs jours, jusqu'au 12 septembre, des combats acharnés se livrèrent dans le village, dans les plaines et sur les plateaux.

Chaque soir on se battait à la baïonnette dans les rues, et souvent, la même maison abritait, pour la nuit, des Français et des Allemands exténués. Des blessés emplissaient le presbytère, qui se trouvait au centre de la bataille, veillés et soignés par l'abbé Collé, dont le courage et le dévouement furent au-dessus de tout éloge, et qui risqua mille fois sa vie. Enfin, chassés par notre victoire de la Marne, les Allemands reculèrent, laissant partout des cadavres. Le vaillant curé de Ménil a constitué, dans la pièce même qu'occupaient les blessés pendant le combat, un musée des plus intéressants.

SAINTE-BARBE
(VOSGES)

Sur le territoire de cette petite commune, si joliment nichée dans un pittoresque écrin de verdure et de feuillage, eurent lieu des combats ardents et sanglants auxquels prirent part des coloniaux, des fantassins et des chasseurs à pied. Tous rivalisèrent d'ardeur et d'héroïsme pour arrêter et refouler les masses ennemies. Notre photographie — qui constitue un remarquable panorama — montre nos

soldats s'avançant, sous les balles et la mitraille, vers le bois, où ils exécuteront des charges splendides et où leurs baïonnettes feront une superbe besogne. Le sol de ces plaines, de ces bois, a bu le sang de milliers de nos soldats, tombés héroïquement, face à l'ennemi détesté. Mais leur sang généreux n'a pas coulé en vain, et dans ce joli coin des Vosges — qu'ils ont débarrassé de la souillure allemande — leurs tombes, éternellement et pieusement fleuries, diront leur gloire immortelle.

LE COL DE
LA CHIPOTTE
(VOSGES)

Sous les grands arbres des Vosges, nos soldats ont creusé leurs trous, bien décidés à barrer la route à l'horrible horde qui, déjà, se croit victorieuse parce qu'elle a pu, grâce à l'accumulation formidable de moyens matériels, les pousser jusque-là. Mais on ne recule plus : il faut vaincre ou mourir. La horde n'a pas passé, et les os de milliers d'Allemands blanchissent sous les grands arbres de la forêt.

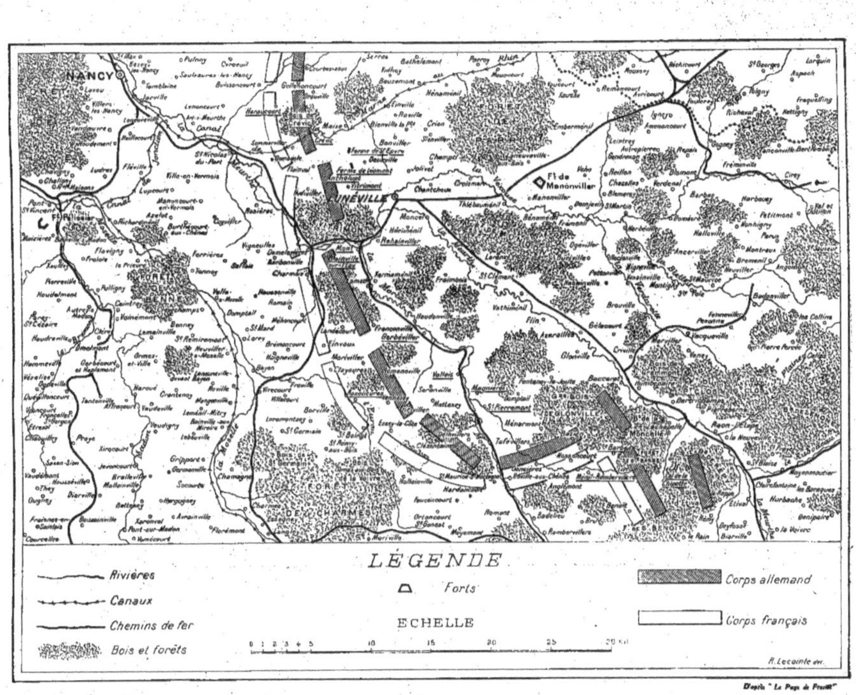
NANCY
LUNÉVILLE
Ft de Manonviller
FORÊT DE CHARMES
LÉGENDE
Rivières
Canaux
Chemins de fer
Bois et forêts
Forts
ECHELLE
0 1 2 3 4 5 10 15 20 25 30 Kil
Corps allemand
Corps français
R. Lecointe del.
D'après " Le Pays de France"

L'Album N° 4 contiendra :

LA BATAILLE DES VOSGES
de Raon-l'Étape à l'Alsace :

RAON-L'ÉTAPE	ANOZEL
COL DE LA CHIPOTTE	SAINT-LÉONARD
NOMPATELIZE	SAULCY-sur-MEURTHE
LA BOURGONCE	ENTRE-DEUX-EAUX
LA SALLE	MANDRAY
SAINT-RÉMY	COL DES JOURNAUX
St-MICHEL-s.-MEURTHE	LA CROIX-AUX-MINES
COL du HAUT-JACQUES	LE CHIPAL

ETC., ETC.

CORBEIL. — IMPRIMERIE CRÉTÉ.

www.ingramcontent.com/pod-product-compliance
Lightning Source LLC
LaVergne TN
LVHW010250230826
846091LV00007B/2889